Walther Ziegler

Freud
en 60 minutes

traduit par

Neïl Belakhdar

Je remercie Rudolf Aichner pour sa direction éditoriale infatigable, Silke Ruthenberg pour la délicate réalisation graphique, Angela Schumitz, Lydia Pointvogl, Eva Amberger, Christiane Hüttner, Martin Engler, Christine Belakhdar et Naoual Belakhdar pour la relecture, et Eleonore Presler, docteur en philosophie, qui a effectué une dernière relecture linguistique et scientifique du texte français. Je remercie aussi monsieur le Professeur Guntram Knapp à qui je dois ma passion pour la philosophie.
Je tiens à remercier tout particulièrement mon traducteur

Neïl Belakhdar

Lui-même philosophe, il a traduit en français, avec soin et précision, mon texte allemand, le complétant, là où nécessaire, de passages adaptés spécifiquement aux besoins du lecteur francophone.

C'est […] le programme du principe de plaisir qui pose la finalité de la vie. Ce principe domine le fonctionnement de l'appareil animique dès le début ;

de sa fonction au service d'une finalité, on ne saurait douter, et pourtant son programme est en désaccord avec le monde entier, avec le macrocosme tout aussi bien qu'avec le microcosme. [1]

Informations bibliographiques de la Bibliothèque nationale de France :
Cette publication est référencée dans la bibliographie nationale de la Bibliothèque nationale de France. Les informations bibliographiques détaillées sont disponibles sur internet : www.bnf.fr
© 2019 Dr. Walther Ziegler

Première édition janvier 2019
Conception graphique du contenu et de la couverture: Silke Ruthenberg avec des illustrations de:
Raphael Bräsecke, Creactive - Atelier de publicité, bande dessinée & d'illustrations (dessins)
© JackF - Fotolia.com (cadres)
© Valerie Potapova - Fotolia.com (cadres)
© Svetlana Gryankina - Fotolia.com (bulles entourant les citations)
Édition: BoD – Books on Demand, 12/14 rond-point des Champs Élysées, 75 008 Paris
Impression: BoD – Books on Demand, Norderstedt, Allemagne

ISBN 9782-3-2210-969-2
Dépôt légal : janvier 2019

Table des matières

La grande découverte de Freud   7

La pensée centrale de Freud   **20**

   Les phases orale, anale et phallique   20

   Le complexe d'Œdipe   25

   Le conflit pulsionnel   29

   L'appareil psychique   33

   Libido et satisfaction des pulsions   40

   La sublimation   43

   Le refoulement   47

   Les mécanismes de défense et la formation de symptômes   49

   Thérapie et transfert   52

   Cure et psychosynthèse   55

   Le moi doit déloger le ça   57

   Le malaise dans la culture   63

À quoi nous sert aujourd'hui la découverte de Freud ?   **66**

   Le principe de plaisir : chercher le plaisir – éviter le déplaisir   66

   Du ça au moi – du principe de plaisir au principe de réalité   67

Entre Charybde et Scylla –
le secret de la bonne éducation   70

L'angoisse fait partie de la vie –
apprendre à la gérer, c'est apprendre à vivre   72

Index des citations   **77**

La grande découverte de Freud

Sigmund Freud (1856-1939) est sans aucun doute un des penseurs les plus importants du XXème siècle. Comme aucun autre, il a marqué la manière dont nous nous percevons aujourd'hui, l'image que nous nous faisons de nous-mêmes. C'est grâce à lui que l'individu moderne ne se conçoit plus uniquement comme un être de raison, mais également comme un être sensible, avec des peurs, des souhaits et des désirs. Durant deux-mille ans, la philosophie n'a pensé l'homme qu'à partir de sa raison. « Je pense, donc je suis », disait par exemple le philosophe français René Descartes, affirmant par là que la pensée logique constitue l'essence de l'homme, le corps n'étant que le serviteur de l'esprit.

Freud s'oppose fondamentalement à cette conception. Au contraire, rétorque-t-il non sans provocation, l'homme est un être pulsionnel, un « homo natura ». Il suit avant tout ses pulsions, ses besoins et ses instincts. L'esprit n'est qu'un phénomène secondaire, un serviteur des pulsions. Car, dit Freud :

« L'homme n'est rien d'autre ni rien de meilleur que les animaux [...]. »[2]

Pour Freud, nos actes et notre perception du monde ne sont pas tant déterminés par la raison que par des affects dont nous n'avons pas conscience. Nous croyons toujours agir logiquement et rationnellement mais, en réalité, nous sommes régis par des désirs inconscients. Si nous osons regarder la vérité en face, nous n'avons d'autre choix que de conclure que :

« [...] le moi n'est pas maître dans sa propre maison. »[3]

Les philosophes se seraient trompés en attribuant un rôle si important à la raison et auraient fait fausse route durant deux millénaires. Cette affirmation radicale valut à Freud de se mettre à dos toute la philosophie occidentale. Le philosophe Heidegger lui reprocha de n'être qu'un « contemplateur d'états d'âme », Karl Jaspers dénigra la découverte freudienne des

désirs et des pulsions inconscientes comme une
« philosophie de bas-ventre ». Face à cette critique
massive, Freud constata froidement :

> Pour la plupart de ceux qui ont une formation philosophique, l'idée d'un psychique qui ne soit pas également conscient est tellement inconcevable qu'elle leur apparaît absurde et pouvant être écartée par la pure logique. [4]

En effet, les philosophes ont tout d'abord critiqué l'hypothèse freudienne de l'inconscient comme étant une contradiction logique : car soit Freud a raison et il existe un domaine inconscient dans la psyché, mais dans ce cas nous ne pouvons logiquement rien savoir de ce domaine, celui-ci étant inaccessible. Ainsi, même Freud ne pourrait pas écrire de livres à ce sujet. Soit nous pouvons saisir l'inconscient à l'état éveillé et ce que nous saisissons n'est alors plus inconscient, mais déjà un contenu conscient de la raison. Dans les deux cas, l'hypothèse d'un domaine inconscient est superflue et insensée.

Mais Freud insista. L'inconscient existe bel et bien, même si la plupart du temps, il se soustrait à la raison. Et cependant, répond-il à ses détracteurs, il se donne à voir de temps en temps. Dans les rêves et dans l'hypnose, nos rires et nos pleurs, dans nos lapsus, dans certains mécanismes de défense, dans nos symptômes et dans nos actes manqués, des contenus inconscients parviennent à la surface de manière codée. Nos rêves par exemple sont souvent l'expression de désirs et de peurs refoulés à l'état de veille. Certains rêves particulièrement insistants reviennent même régulièrement, avec de légères variations. Selon Freud, cela est dû à l'action de pulsions inconscientes qui ne se laissent pas réprimer. Elles se font entendre en réitérant leur message onirique de manière parfois très insistante, car, dit Freud :

> De façon générale, nous pouvons être certains que tout émoi de désir qui crée aujourd'hui un rêve, tant qu'il n'aura pas été compris et qu'il n'aura pas échappé à l'emprise de l'inconscient, va se manifester dans d'autres rêves. [5]

Ce n'est qu'en prenant en considération le contenu du rêve, en décodant sa signification souvent très instructive et en l'intégrant à notre vie, que nous pouvons nous libérer de l'emprise des pulsions de l'inconscient. Les rêves peuvent donc contenir des messages importants.

Les récits de ses patients constituaient pour Freud un autre indice de l'existence de l'inconscient. Il constata lors de ses consultations que les gens faisaient parfois des choses sans le vouloir consciemment. Par exemple, des patients obsédés par l'hygiène, qui se lavent les mains jusqu'à une vingtaine de fois par jours, ont beau réfléchir à leur comportement, ils ne lui trouvent aucune explication. Ils savent pertinemment qu'ils n'amélioreront pas l'hygiène de leurs mains en agissant de la sorte et qu'ils risquent au contraire d'irriter leur peau. Ils manquent non seulement d'explication rationnelle à leur comportement, mais ils essaient même, en vain, de le combattre. Freud en conclut qu'il existe à côté de la conscience une deuxième force, inconsciente, qui contraint le patient à se laver les mains, pour des raisons qui échappent à la conscience.

L'action de l'inconscient se manifeste aussi lorsque des enfants premiers-nés dans une famille se remettent à « faire pipi au lit » quand ils ont entre cinq et dix ans, ce dont ils ont très honte. Ce phénomène s'observe surtout après la naissance d'un deuxième enfant, auquel les parents offrent alors toute leur attention. L'aîné se sent négligé et devient jaloux, mais il comprend bien que ses parents attendent de lui qu'il réagisse avec joie à l'arrivée du bébé. Il réprime donc sa jalousie mais réagit inconsciemment par ces petits accidents nocturnes. En dormant, il se reprojette à l'état de nourrisson, lorsqu'il bénéficiait encore de l'entière attention de ses parents. Freud nomme ce type de comportement « régression », c'est-à-dire un retour inconscient à un état passé vécu comme procurant du plaisir. Par ce type de comportement, l'enfant réobtient en effet plus d'attention et le conflit est ainsi résolu. La réaction inconsciente a donc bien un sens.

La grande découverte de Freud consiste ainsi à avoir reconnu que le comportement des hommes, qu'ils soient sains ou malades, est influencé par des tendances, des conflits et des désirs inconscients. C'est dans les lapsus et les actes manqués, quand nous disons ou faisons autre chose que ce que nous voulions dire ou faire, que se manifeste le pouvoir de l'inconscient, capable à tout moment de jouer un tour à notre raison. Derrière nos lapsus se cache donc souvent une vérité plus profonde.

Bien que Freud nous ait dépeint l'inconscient grâce aux nombreuses descriptions des cas de régression, de fixation et d'autres mécanismes psychiques chez ses patients, et qu'il ait su soigner des troubles névrotiques à l'aide de sa psychanalyse, sa méthode fut reçue avec beaucoup de réticence par ses contemporains. Freud lui-même donne une explication intéressante à cette réaction. C'est parce qu'elle constitue une blessure narcissique, c'est-à-dire une atteinte à l'amour-propre de l'homme, que sa découverte de l'inconscient suscite des oppositions aussi vives. Selon lui, il y aurait eu trois grandes blessures narcissiques dans l'histoire de l'humanité. La première est la blessure cosmologique, provoquée par Copernic avec son affirmation que la terre n'est pas au centre de l'univers. Comme les étoiles ne tournent pas autour de nous, nous ne sommes aucunement le centre, mais juste un phénomène marginal de l'univers. S'y ajouta la blessure biologique, infligée à l'humanité par Darwin. L'homme, affirmait ce dernier, n'est pas une créature divine, mais un mammifère supérieur. Finalement, Freud lui-même aurait eu la triste obligation d'ajouter une blessure psychologique aux deux blessures précédentes, en annonçant la vérité dérangeante selon laquelle l'homme n'agirait pas par sa libre volonté, comme il le pensait depuis des millénaires, mais qu'il est mû par des pulsions inconscientes qui agissent en lui.

La découverte freudienne de l'inconscient dans le psychisme a sans nul doute été révolutionnaire. Ses travaux changèrent fondamentalement la conception moderne de la maladie psychique. Avant Freud, on traitait les malades mentaux avec des douches glacées ou en les plaçant dans d'immenses machines centrifuges afin que le sang soit propulsé vers la tête et que l'esprit se recentre. Cela montre bien que la psychiatrie de l'époque en était encore à un état bien reculé pour ce qui concerne le traitement des maladies psychiques. En 1900, à l'époque de Freud, les psychiatres déconseillaient de faire des voyages en train, car ils estimaient que le fait de voir des images défiler à une aussi grande vitesse pouvait mener à des troubles nerveux. À la fin du dix-neuvième siècle, l'exorcisme était encore pratiqué dans certains pays catholiques, où des personnes « possédées » devaient être libérées de mauvais esprits par des prières.

Freud fut l'un des premiers à reconnaître que les maladies psychiques ne pénètrent pas simplement dans les hommes ou prennent possession d'eux du dehors, mais qu'elles sont souvent la conséquence d'expériences vécues par le patient. Il constata entre autres que des évènements douloureux et difficilement surmontables dans l'enfance pouvaient affecter la future vie de l'adulte. Cette approche nécessitait une nouvelle science : la psychanalyse. Au début de sa carrière, en médecin et scientifique, Freud disséquait des nerfs à la recherche de causes matérielles aux ma-

La grande découverte de Freud

ladies psychiques, mais il constata rapidement qu'il devait en réalité s'agir de processus psychiques.

Dans son cabinet de neurologie, il traita des patients qui souffraient de symptômes très divers et acquit ainsi sans cesse de nouvelles connaissances. Son œuvre témoigne d'une compréhension très profonde de la psyché humaine. Freud est le fondateur de la psychanalyse, un procédé thérapeutique qui vise à soigner les patients par la seule parole et sans médicaments. Mais son mérite ne s'arrête pas là : Freud nous a également légué une nouvelle anthropologie, c'est-à-dire un nouveau savoir sur l'homme. Car l'homme sain lui aussi, et pas uniquement le malade, a recours à des mécanismes de défense et à des comportements qui l'aident à affronter la vie. Freud consacra toute sa passion à mettre en lumière ces mécanismes psychiques. Il était certes médecin et psychologue, mais il était avant tout un explorateur. Ainsi écrit-il :

Je ne suis ni un véritable homme de science, ni un observateur, ni un expérimentateur, ni un penseur. Par tempérament, je ne suis qu'un conquistador, un explorateur […]

> avec toute la curiosité, l'audace et la ténacité qui caractérisent cette sorte d'hommes. 6

Et en effet, tout comme le conquistador Christophe Colomb, Freud découvrit un nouveau continent. Il explora un terrain jusque-là inconnu, le pays de nos désirs, de nos peurs et de nos rêves. Lorsque Colomb prit le large avec ses trois navires pour prouver que la terre était ronde, ses contemporains le prirent pour un fou. De la même manière, Freud subit des moqueries et des attaques ou fut traité de pervers. Car sa découverte des désirs inconscients et de l'énergie sexuelle qui marquent notre vie dès la naissance constituait une immense provocation dans le climat prude de l'empire autrichien de son époque. Sa nouvelle thérapie, dans laquelle des femmes et des hommes inconnus lui révélaient leurs secrets les plus intimes, allongés sur le divan, fit de lui un « monstre » pour beaucoup de ses contemporains. Le nouveau territoire qu'il avait pénétré n'inspirait guère confiance.

Sa pensée reste contestée jusqu'aujourd'hui, mais Freud nous a légué une conviction : notre propre psyché et celle d'autrui méritent d'être traitées avec soin et respect. Tout comme nous savons aujourd'hui que l'Amérique existe, nous savons depuis Freud que l'homme a des désirs et des pulsions qu'il doit satisfaire d'une manière ou d'une autre pour rester en bonne santé et réussir à bien gérer sa vie au quotidien. On ne peut se contenter de travailler et de gagner sa vie. Celui qui se prive de tout plaisir et du désir d'aimer et d'être aimé souffrira de ne pas avoir vécu sa vie. Car, écrit Freud :

Tous ceux qui veulent être plus nobles que ne le leur permet leur constitution succombent à la névrose [...]. [7]

Pour réussir à affronter notre vie, nous devons toujours aussi suivre ce que Freud appelle le principe de plaisir. « Chercher le plaisir et éviter le déplaisir », telle est la devise avec laquelle nous naissons. Dans un premier temps, le nourrisson ne suit donc que ses seules pulsions. Il tète le sein de sa mère quand il a faim, dort quand il est fatigué et crie quand il est mécontent. Ce n'est que petit à petit que s'ajoute un deuxième principe, très puissant, que Freud appelle le principe de réalité. Car en grandissant, tout homme est, tôt ou tard, tenu de reconnaître la réalité avec ses préceptes et ses règles. La conscience de la nécessité de renoncer à des pulsions et l'apprentissage de la propreté et de la maîtrise de soi vont grandissant jusqu'à ce que, à l'âge adulte, le plaisir soit subordonné aux exigences du monde du travail. Ce renoncement au plaisir que requiert la vie en société mène, selon Freud, à un « malaise dans la culture ». Les règles sociales sont certes indispensables pour le vivre-ensemble, mais un renoncement excessif peut aboutir à la maladie psychique.

La pensée de Freud paraît simple à première vue. L'homme est un être de pulsion qui doit satisfaire ses souhaits conscients et inconscients le mieux possible pour vivre une vie saine et agréable. Et en même temps, il doit accepter les règles de la société dans laquelle il vit. Or, tout cela pose un certain nombre de questions.

Quelles sont les limites de la morale et de la répression du plaisir ? Comment apparaît la morale si l'homme n'est, comme l'animal, qu'un être de pulsion ? Combien de pulsions l'homme doit-il satisfaire pour rester en bonne santé ? Pourquoi une vie manquée nous rend-elle malades, et qu'est-ce qu'une vie saine ?

La pensée centrale de Freud

Les phases orale, anale et phallique

Au début, tout est encore très simple : le nouveau-né ne suit que ses envies. Dès qu'il vient au monde, sa bouche est son premier organe de plaisir. C'est pour cela que les enfants d'un à deux ans sucent leur pouce ou d'autres objets :

> La première activité de l'enfant, et la plus importante pour la vie, la succion du sein maternel [...] ne peut que l'avoir déjà familiarisé avec ce plaisir. Nous dirions que les lèvres de l'enfant se sont comportées comme une zone érogène [...]. Au début, la satisfaction de la zone érogène était bien sûr associée à la satisfaction du besoin de nourriture. [8]

Le nourrisson fait ses premières expériences de vie en tétant le sein de la mère et en mettant ses jouets

La pensée centrale de Freud

dans la bouche. Mais cette perception du monde par les lèvres et par la langue lui procure surtout les premières sensations de plaisir. Freud appelle « phase orale » cette première phase d'épanouissement du plaisir. Bien que d'autres sources de jouissance vont apparaître avec le temps, la joie de toucher le monde environnant avec la bouche reste l'origine de la sensation de plaisir. Ce phénomène se constate dans toutes les cultures, et Freud fait l'observation suivante :

Quiconque voit un enfant rassasié quitter le sein et retomber en arrière, sombrer dans le sommeil, les joues toutes rouges et le sourire bienheureux, ne manquera pas de se dire que cette image reste encore la norme pour l'expression de la satisfaction sexuelle dans la vie ultérieure. 9

La tétine, par exemple, ne sert pas à nourrir le bébé, mais à lui procurer du plaisir. Elle est en quelque sorte un premier substitut de plaisir pour remplacer le sein maternel.

De deux à trois ans, une source de plaisir supplémentaire vient s'ajouter au plaisir oral. À sa grande surprise, l'enfant remarque que lors de la défécation, il est capable de produire quelque chose par lui-même, quelque chose qu'il peut retenir ou expulser. Il apprend à maîtriser ses organes d'excrétion et, pour la première fois, il obtient quelque chose sans l'aide des adultes tout-puissants. Freud parle ici de la phase anale. Il peut paraître étonnant que la défécation ait autant d'importance pour l'enfant. En tant qu'adultes, nous n'y prêtons pas attention, car nous produisons et obtenons tout un tas de choses importantes. Les élèves écrivent des rédactions, les menuisiers construisent des tables, les mécaniciens des voitures. Même lors du travail ménager, en faisant la cuisine ou en lavant le linge, nous faisons quotidiennement l'expérience de donner lieu à des changements, et nous en tirons une certaine satisfaction. Mais l'enfant de deux ans, qui jusque-là n'a jamais agi de manière autonome, réussit tout d'un coup à produire quelque chose, quelque chose qui sent mauvais. S'ajoute le fait qu'en général, cet acte provoque une réaction assez vive de la part des adultes, surtout lorsqu'il est effectué au mauvais endroit. C'est alors que commence l'apprentissage de la propreté. On demande aux enfants d'aller sur le pot, on leur dit que ce qu'ils produisent est sale et dégoûtant. Ainsi, un premier tabou est édifié. La perception infantile du monde comme source de plaisir illimité est confrontée aux premières règles et aux premiers interdits du monde des adultes. Le contrôle de la défécation est alors le premier acte de culture que commet le petit humain. Mais des tabous et des règles de propreté qui interviennent trop tôt ou trop rapidement peuvent créer de grandes frustrations chez l'enfant, dès cette phase de son développement, ce qui peut avoir des conséquences jusque dans la vie adulte.

Freud parle par exemple du caractère sadique-anal, pédant ou autoritaire de certains patients au comportement compulsif. Un enfant que l'on contraint trop tôt à « aller sur le pot », en le menaçant de violence ou de privation d'amour, risque de manifester son mécontentement contre le monde adulte par une volonté obstinée de retenir ses selles, ce qui peut réapparaitre à l'âge adulte sous la forme d'avarice, d'une manie pour l'ordre ou d'autres traits de caractère. À côté de la maîtrise de la défécation, ce sont aussi les premières tendances agressives qui se développent lors de la phase anale, ou sadique-anale, comme Freud l'appelle aussi. Les enfants se mettent à vouloir arracher les ailes des insectes, à vouloir tout explorer, et vont au contact du monde de manière offensive. Une fois qu'ils maîtrisent le langage, ils auront même des mots blessants envers leur mère, et s'intéresseront vite aux premiers gros mots liés au domaine tabou de l'analité. En effet, les insultes liées aux fesses existent dans toutes les langues, et Freud voit là un indice de l'importance de ce premier tabou.

C'est en général vers l'âge de trois ans, au plus tard à quatre ou cinq ans, qu'après l'oralité et l'analité, une autre source de plaisir vient occuper l'attention de l'enfant, son appareil génital, et que se développent petit à petit les plaisirs phallique et clitoridien. Les enfants se mettent alors à jouer avec leurs organes génitaux. C'est l'époque des jeux de docteurs entre enfants. Ils commencent à percevoir les différences entre filles et garçons et partent à la recherche de leurs premiers objets d'amour.

La pulsion sexuelle était jusqu'ici principalement auto-érotique, elle trouve maintenant l'objet sexuel. [10]

L'enfant ne concentre plus sa libido sur ses peluches, mais sur des êtres humains réels. Comme elle est toujours à proximité, c'est la mère qui se présente comme premier choix. Pour Freud, le premier amour infantile du garçon pour sa propre mère est donc tout à fait naturel et n'a rien de pathologique. Il a lieu de manière largement inconsciente et va donner lieu au complexe d'Œdipe.

Le complexe d'Œdipe

La tragédie antique Œdipe roi raconte l'histoire d'Œdipe, qui retourne dans sa patrie après avoir été abandonné par ses parents à sa naissance. Sans le savoir, il tombe amoureux de sa mère, couche avec elle et assassine son père. Ne découvrant qu'après coup qu'il s'agissait de ses propres parents, il se crève les yeux, par honte et désespoir. Selon Freud, ce drame antique se répète inconsciemment et de manière atténuée dans toutes les chambres d'enfants :

> Petit enfant déjà, le fils commence à développer une tendresse particulière pour la mère qu'il considère comme son bien propre et à ressentir son père comme un concurrent qui lui dispute cette possession exclusive […]. [11]

Car en général, c'est leur propre mère que les garçons de quatre à six ans élisent comme premier objet d'amour érotique. Cependant, ils sentent bien qu'il s'agit de quelque chose d'interdit et qu'en réalité, seul le père a le droit de partager ce genre d'amour avec la mère. Et le père le leur fait sentir. À six ans, le petit garçon a souvent observé que les filles ne possèdent pas de pénis, et inconsciemment, il se met à craindre d'être puni de castration par le père s'il devait trop s'approcher de la mère. Le père ne prononce jamais cette menace, mais le garçon la ressent ainsi.

Pour Freud, il est important que le père défende l'interdit de l'inceste avec fermeté. Ainsi, le fils est forcé de se détourner de la mère et de se mettre à la recherche d'un autre objet d'amour. Mais il continue inconsciemment à ressentir de la colère envers le père et à vouloir le tuer. En même temps, ces sentiments hostiles lui donnent mauvaise conscience, car il sait bien qu'il n'a pas le droit et ne veut pas haïr son père. L'interdit de l'inceste ainsi que d'autres préceptes moraux établis par les parents vont petit à petit apparaître autour de cette mauvaise conscience. Ainsi, le complexe d'Œdipe constitue le cœur de notre conscience morale, ou du surmoi, comme l'appelle Freud.

Le surmoi se développe de manière similaire chez les

filles. Elles aussi connaissent une sorte de complexe d'Œdipe, évidemment sans la peur de castration. Comme les garçons, elles choisissent la mère comme premier objet de désir, mais au plus tard à quatre ans, après avoir reconnu l'identité de sexe avec la mère, elles se tournent vers le père. C'est alors la mère qui apparaît comme autorité contraignante. Elle force la fille à s'éloigner du père et à intérioriser le tabou de l'inceste. Le complexe d'Œdipe est donc une phase constitutive du processus de développement psycho-sexuel chez les filles et les garçons, et il fait partie intégrante de toute relation parents-enfant :

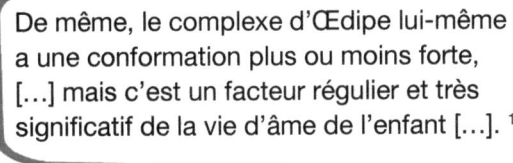

Je n'affirmerais pas que le complexe d'Œdipe épuise la relation des enfants aux parents ; celle-ci peut facilement être beaucoup plus compliquée.

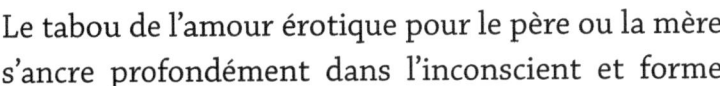

De même, le complexe d'Œdipe lui-même a une conformation plus ou moins forte, [...] mais c'est un facteur régulier et très significatif de la vie d'âme de l'enfant [...]. [12]

Le tabou de l'amour érotique pour le père ou la mère s'ancre profondément dans l'inconscient et forme le noyau du surmoi. C'est ainsi que les enfants apprennent à respecter les premiers préceptes moraux. Alors que le nourrisson n'a vécu que selon un seul principe, le principe de plaisir, un deuxième principe vient s'ajouter lors des phases anale et phallique : le principe de réalité. Les enfants doivent dorénavant tenir compte de la réalité. Ils contrôlent leur défécation, apprennent à respecter les jouets d'autres enfants et obéissent au tabou de l'inceste. Mais il existe des domaines dans lesquels l'enfant ne dispose pas encore de censeur intérieur et où c'est encore le principe de plaisir qui donne le ton. Les enfants continuent par exemple à exprimer leurs souhaits de manière très insistante, et ils obtiennent ainsi, dans la plupart des cas, la satisfaction de leurs buts pulsionnels, que ce soit l'obtention d'une sucrerie ou l'achat d'un nouveau jouet.

Deux moments sont décisifs lors de cette première phase : d'une part, les enfants découvrent le plaisir sous ses formes orale, anale, puis génitale. C'est à la puberté que ces désirs partiels sont unis sous la direction de la génitalité. D'autre part, Freud a reconnu que le développement de la personnalité commence déjà avec ces premières expériences de plaisir, tant en ce qui concerne la formation du caractère en général que celle des préférences spécifiquement sexuelles.

Freud a par exemple constaté que les fétichismes de certains patients pour les bottes, le nylon ou d'autres objets sont souvent liés à des fixations libidinales dans la petite enfance. C'est donc dès l'enfance, et pas seulement à partir de l'âge adulte, que l'homme est un être de plaisir.

Le conflit pulsionnel

Freud ne s'est pas intéressé qu'au développement de la pulsion sexuelle, mais également à l'émergence de la conscience morale. Car dans ses entretiens avec ses patients, il voyait quelle énorme pression celle-ci pouvait exercer sur les hommes. Et il se demandait comment un être aussi pulsionnel que l'enfant pouvait devenir un adulte respectueux de la loi et de la morale, des conventions et des règles. Aussi, il ne comprenait pas comment pouvaient apparaître des maladies névrotiques. Car si l'homme est bien, comme il le supposait, un pur être de pulsion, qui vit selon le principe de plaisir et ne suit que ses besoins les plus pressants, comment apparaissent alors le refoulement et les symptômes névrotiques ? Cette question lui parut d'autant plus difficile à résoudre qu'il voulut expliquer tous ces phénomènes de manière scientifique, et que pour lui, la conscience au sens d'une instance morale divine n'existait pas. Pour Freud, tout phénomène psychique doit en dernière instance être expliqué par nos pulsions animales. Or, beaucoup de ses patients dans son cabinet souffraient de mauvaise conscience et de remords. Les exigences morales qu'ils avaient envers eux-mêmes étaient souvent plus sévères que ne l'étaient celles de la société :

> On trouve régulièrement chez ces personnes les indices d'un antagonisme entre des [souhaits] ou, comme nous avons l'habitude de le dire, d'un conflit psychique. Une part de la personnalité est le représentant de certains souhaits, une autre se rebelle contre eux et les écarte définitivement. Sans un tel conflit, il n'y a pas de névrose. [13]

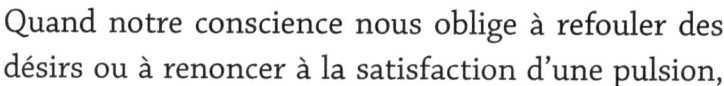

Quand notre conscience nous oblige à refouler des désirs ou à renoncer à la satisfaction d'une pulsion, nous sommes face à un conflit qui oppose nos désirs à nos propres interdits. Mais comment naît la mauvaise conscience, ce sentiment de ne pas être à la hauteur de ses propres exigences, d'avoir échoué, qui faisait souffrir tant de ses patients ? La réponse de Freud est simple. Depuis l'enfance, l'individu ne cesse d'intérioriser des tabous et des interdits. Il les internalise et s'y identifie. Tout ce que lui ont dit ses parents, ses professeurs, l'Église, ses livres et d'autres instances morales est enregistré dans sa conscience, dans son surmoi. Et ce surmoi est capable de se retourner contre le propre plaisir. C'est sur ce point que l'homme se distingue de l'animal. L'homme peut entrer en conflit avec ses propres représentations et contracter des névroses.

> Peut-être n'en vient-on à une telle désunion que chez l'être humain, et c'est pourquoi la névrose pourrait être, dans l'ensemble, son privilège par rapport aux animaux. 14

L'animal ne peut souffrir de troubles névrotiques, selon Freud, car, sûr de ses instincts, sans aucun scrupule moral, il suit toujours la voie la plus saine. À chaque moment, il ne suit que le désir qui se manifeste en lui avec le plus de force. Un chien qui désire manger un os alléchant, mais qui voit s'approcher un autre chien plus puissant que lui, va soit aller combattre soit s'enfuir, mais il ne portera pas ce conflit en lui durant des semaines. Au contraire, un homme stressé et surchargé par son travail et son patron, ne désirant rien plus que de démissionner, est capable de supporter sa situation si des raisons rationnelles, comme un salaire élevé, l'y poussent. Mais il risque tôt ou tard de souffrir de troubles psychiques. Les animaux peuvent eux aussi avoir des symptômes névrotiques, si sur une longue durée on les expose artificiellement au stress dans des laboratoires. Mais dans la nature, l'animal évite tout simplement toute source de désagrément. L'homme, au contraire, s'expose à de nombreuses situations qu'il n'a pas la force de supporter. Car le psychisme humain a la capacité étonnante et dangereuse d'éviter les conflits, de les nier, de les refouler, et de les laisser ainsi, non résolus, jusqu'à ce qu'ils déclenchent des états pathologiques. Ainsi, pour Freud, la maladie n'est rien d'autre qu'une certaine manière de réagir aux pulsions et aux conflits pulsionnels. Ceux-ci peuvent donc être à l'origine de comportements névrotiques et psychotiques – même dans la vie d'individus sains.

La pensée centrale de Freud

Freud décrit ce processus à l'aide de son modèle de l'appareil psychique.

L'appareil psychique

Pour Freud, le psychisme humain est composé de trois instances – le ça, le moi et le surmoi – dont chacune a une fonction précise. Le ça est le domaine des pulsions, des souhaits, des peurs et des désirs ou, comme écrit Freud :

[…] un chaos, un chaudron plein d'excitations en ébullition […]. À partir des pulsions, il se remplit d'énergie, mais il n'a aucune organisation […]. [15]

Le ça ne suit aucune règle rationnelle. Il représente le désir et le principe de plaisir. Les bébés et les petits enfants, par exemple, ne vivent qu'à travers le ça. Il est l'instance la plus vaste et la plus archaïque du psychisme.

La deuxième instance psychique, le surmoi, correspond à ce que l'on appelle communément la conscience morale de l'homme. Dans le surmoi se regroupent au fur et à mesure les idées morales ainsi que les tabous et les interdits religieux et sociaux que l'individu reçoit et intériorise dès son enfance par l'intermédiaire de ses parents, de l'école et de la société. Il s'y trouve des préceptes importants, comme l'interdiction du meurtre ou du vol, ou l'impératif de respecter ses parents.

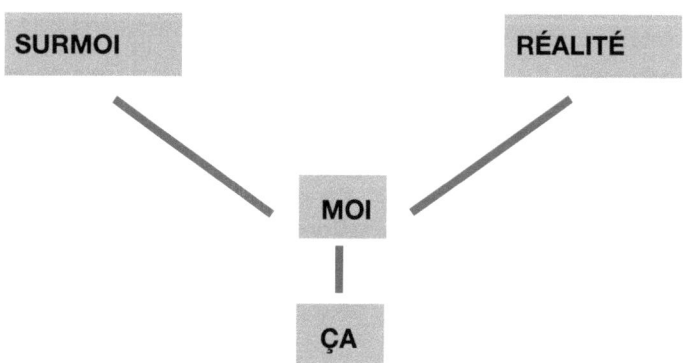

La troisième instance, le moi, est en quelque sorte la centrale de commandement de l'appareil psychique. Il a la dure tâche de satisfaire les désirs du ça tout en respectant les exigences et les avertissements du surmoi. C'est le moi qui procède à l'examen objectif de la réalité et qui doit soumettre tous les désirs, les buts pulsionnels et les actes qui en découleraient au principe de réalité. Le ça, au contraire, ne suit que le seul principe de plaisir. Voici comment Freud décrit la difficile tâche du moi :

> Un proverbe met en garde contre le fait de servir deux maîtres en même temps. Le pauvre moi en voit de plus dures encore, il sert trois maîtres sévères, s'efforçant d'accorder entre elles leurs revendications et exigences. Ces revendications divergent toujours, paraissent souvent incompatibles ; rien d'étonnant à ce que le moi échoue si souvent dans sa tâche. Ces trois despotes sont le monde extérieur, le surmoi et le ça. [16]

Pour Freud, ce modèle des instances est à comprendre dans sa dimension anthropologique. Le mot grec « anthropos » signifie « homme » en français. Avec sa psychanalyse, il ne voulait donc pas uniquement expliquer la genèse des maladies psychiques, mais plus généralement le fonctionnement du psychisme humain. D'une certaine manière, il ne fait pas de distinction essentielle entre des comportements normaux et des comportements pathologiques. Les schèmes auxquels les deux obéissent sont au fond les mêmes, et les frontières entre le normal et le névrotique sont floues. À chaque moment de notre vie, les trois instances que sont le moi, le ça et le surmoi luttent et collaborent à la recherche du bon comportement à adopter dans la réalité.

Dans un présentoir à journaux en libre-service, un jeune homme aperçoit à la une d'un magazine : « Scandale – Fuite de nus de Pamela Anderson ! ». Immédiatement, le ça se manifeste : « Vite, prends le journal ! »

Mais le jeune homme a laissé son portefeuille chez lui, et le moi reconnaît : « Nous n'avons pas d'argent sur nous. » Le ça, obéissant au principe de plaisir, rétorque : « Quelle importance ! Personne ne nous voit, allez, prends le magazine ! »

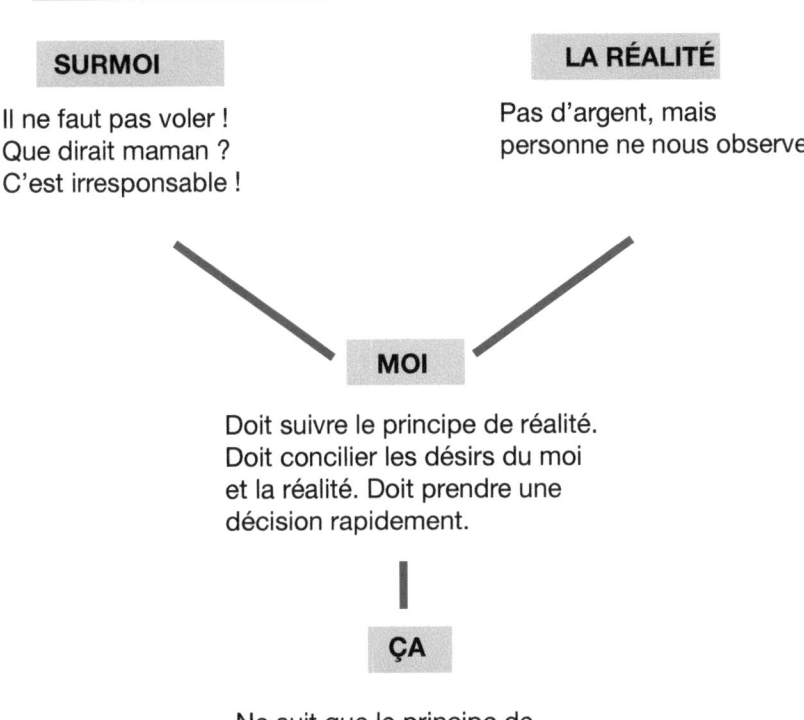

Le moi procède alors à un examen objectif de la réalité et vérifie s'il est possible de prendre le magazine sans être vu. À ce moment, le surmoi se manifeste : « As-tu perdu la tête ? Tu as l'intention de voler et je ne te laisserai pas faire. Même si personne ne te voit, ce serait injuste vis-à-vis du marchand. Que ferait-il si tout le monde volait les journaux ? Et puis : Que dirait maman ? » Tout ce dialogue a lieu en l'espace de quelques secondes. Si le moi succombe aux pulsions du ça, il subira les sanctions de la part du surmoi. Mais si le pauvre moi réprime les souhaits venant du ça, il éprouvera un sentiment massif de déplaisir. Le moi est donc coincé, il est face à un conflit. Freud écrit :

> Ainsi, poussé par le ça, serré par le surmoi, rembarré par la réalité, le moi lutte pour la maîtrise de sa tâche économique […], et nous comprenons pourquoi si souvent nous ne pouvons pas réprimer cette exclamation : « La vie n'est pas facile ! » [17]

Cet exemple illustre bien le scepticisme de Freud envers l'idée du libre arbitre si chère aux philosophes. Dans le moi tiraillé et désemparé, il reste peu de place pour la liberté que Sartre caractérisait comme l'essence de l'homme. Freud compare le « libre arbitre » à un cavalier désespéré, qui essaie de contrôler son cheval, c'est-à-dire les pulsions animales du ça, et de le diriger dans la direction souhaitée, mais qui est en réalité incapable de dompter les forces de l'animal :

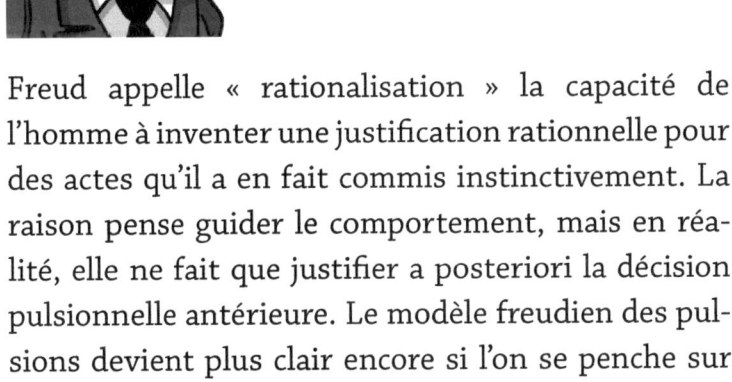

De même qu'il ne reste souvent rien d'autre à faire au cavalier, s'il ne veut pas se séparer de son cheval, que de le conduire là où il veut aller, ainsi le moi a coutume de transposer en action la volonté du ça, comme si c'était la sienne propre. [18]

Freud appelle « rationalisation » la capacité de l'homme à inventer une justification rationnelle pour des actes qu'il a en fait commis instinctivement. La raison pense guider le comportement, mais en réalité, elle ne fait que justifier a posteriori la décision pulsionnelle antérieure. Le modèle freudien des pulsions devient plus clair encore si l'on se penche sur les différentes manières possibles de réagir à notre énergie pulsionnelle.

Libido et satisfaction des pulsions

Dans sa vie, l'homme est toujours mû par une énergie fondamentale, la libido.

> Libido est une expression provenant de la doctrine de l'affectivité. Nous appelons ainsi l'énergie, considérée comme grandeur quantitative – quoique pour l'instant pas mesurable –, de ces pulsions qui ont à faire avec tout ce que l'on peut regrouper en tant qu'amour. [19]

Freud qualifie le ça, le domaine des pulsions et des désirs, de « marmite pleine d'émotions bouillantes », comme nous l'avons vu, mais également de « réservoir de libido ». Par libido, Freud entend la totalité de l'énergie pulsionnelle présente dans le ça. La pulsion sexuelle est certes le moteur le plus fort de l'être humain, elle ne constitue pour autant qu'une partie de la libido. L'énergie affective qu'une mère dirige sur son enfant, ou qu'un enfant dirige sur ses frères, ses amis ou ses peluches, fait également partie de la libido. Freud la définit de la manière suivante :

> Mais nous n'en séparons pas ce qui, par ailleurs, participe du nom d'amour, d'une part l'amour de soi, d'autre part l'amour pour les parents et pour l'enfant, l'amitié et l'amour pour les hommes en général, pas plus que le dévouement à des objets concrets et à des idées abstraites. [20]

La libido en tant qu'énergie centrale de l'homme n'est pas mesurable, elle est néanmoins une grandeur quantitative que le moi doit apprendre à gérer. Il existe, selon Freud, quatre manières de le faire : la satisfaction, la sublimation, le refoulement, ou la défense par la formation de symptômes. Le schéma suivant illustre l'interaction entre les trois instances du psychisme et leurs réactions face aux pulsions, ce que Freud appelle « l'économie pulsionnelle » :

RÉALITÉ

But pulsionnel de substitution

But pulsionnel

Satisfaction

SURMOI

Sublimation

Formation de symptômes

MOI

Refoulement

ÇA
Libido

Marmite d'émotions bouillonnantes

La satisfaction directe des pulsions est la première option qui se présente au moi. Après un rapide examen de la réalité, le moi dirige la libido vers le but souhaité, et la pulsion est satisfaite. Prenons l'exemple d'un homme assis dans un café, en un beau jour de printemps. À la table voisine, il observe une charmante jeune femme. Ils se sourient, et le ça manifeste ses désirs. Le moi réagit, prend son courage à deux mains, adresse la parole à la jeune femme et se met à la séduire. Se crée alors une merveilleuse romance et, la nuit même, tous les désirs libidinaux sont satisfaits. La pulsion a atteint son but.

La sublimation

Or, nous savons parfaitement qu'il n'est pas toujours possible de réaliser ses souhaits dans l'immédiat. La seconde possibilité consiste donc à sublimer la libido, c'est-à-dire à la détourner vers un autre but. Dans notre exemple, supposons que le moi n'ose pas adresser la parole à la jeune femme, par peur de se faire rabrouer. Mais le ça ne lâche pas prise : « Allez, espèce de lâche, c'est la femme de nos rêves ! Ose ! » Et imaginons qu'au moment où le moi prend son courage à deux mains pour s'avancer vers la femme, le mari ou le petit ami de cette dernière apparaît, l'embrasse et s'assoit à sa table. Alors le moi, déçu, détournera l'énergie libidinale qu'il vient d'accumuler vers un objet plus facile à atteindre, en commandant une bière ou un morceau de gâteau à la crème. Une consolation bien maigre, mais qui lui procure au moins une sensation de plaisir. Comme dans cette situation, nous devons très souvent nous contenter de satisfactions de substitution faute de pouvoir réaliser nos désirs directement.

> On appelle cette capacité d'échanger le but originellement sexuel contre un autre qui n'est plus sexuel [mais qui est] psychiquement apparenté à lui la capacité de sublimation. [21]

L'exemple classique pour illustrer le phénomène de la sublimation est la séparation des sexes dans les établissements scolaires telle qu'elle se pratiquait encore jusque dans les années soixante-dix dans les pays européens. L'objectif de ce type de mesures était que les adolescents n'orientent pas leur énergie libidinale sur de potentiels partenaires sexuels, mais plutôt sur l'étude du vocabulaire latin. La pulsion sexuelle était alors sublimée en énergie intellectuelle.

[La pulsion sexuelle] met à la disposition du travail de culture des quantités de force extraordinairement grandes et cela, il est vrai, par suite d'une particularité spécialement marquée chez elle, qui est de pouvoir déplacer son but sans perdre essentiellement en intensité. [22]

Les scientifiques aussi subliment de l'énergie pulsionnelle lorsqu'ils se consacrent à leurs recherches des nuits durant. Selon Freud, toutes les productions culturelles d'une société, son art, sa musique, sa religion, sa philosophie et son système juridique, sont fondées sur la sublimation de pulsions. La culture oblige les hommes à mettre à sa disposition une partie de leur énergie personnelle, en rendant impossible ou en restreignant par des lois et des tabous moraux la satisfaction directe des pulsions.

Un exemple simple, mais actuel, pour la sublimation ciblée de l'énergie libidinale vers des buts de substitution se rencontre dans le domaine du sport. Lors des coupes du monde de football, les joueurs n'ont pas le droit d'accueillir des femmes dans leur camp d'entraînement, notamment durant les nuits précédant des matchs importants. Certains joueurs aux pulsions indomptables ont d'ailleurs déjà causé des scandales en s'enfuyant du camp la nuit pour rejoindre leurs bien-aimées.

Par cette ascèse imposée, les jeunes hommes sont censés accumuler de l'énergie libidinale qui se mélange alors aux pulsions agressives venant du ça. Lorsque les joueurs sortent sur le terrain, ils projettent inconsciemment leur colère sur l'équipe adverse, qu'ils tiennent responsable pour ce renoncement, et jouent avec d'autant plus d'engagement et d'esprit de combat.

Dans le cas contraire, si les jeunes sportifs avaient passé la nuit en compagnie de leurs maîtresses, ils sortiraient sur le terrain l'esprit reposé et satisfait, et perdraient le match. Cette sublimation stratégique de l'énergie libidinale en détermination agressive peut paraître anecdotique, mais des recherches ethnologiques ont découvert que même dans certaines tribus amérindiennes, les guerriers pratiquaient l'ascèse sexuelle avant des campagnes de guerre pour se mettre en disposition de combat, et compensaient ce manque par des danses rituelles. Le processus de la sublimation compris comme déviation de l'énergie pulsionnelle vers un autre but est une capacité archaïque et très répandue des individus. Elle est pour Freud une des conditions de la civilisation.

Le refoulement

La troisième manière de réagir aux pressions de la libido est le refoulement. Dans les situations où le moi est incapable de mener la libido vers son but ou de la sublimer, il va refouler les désirs et les pulsions hors de la conscience. Le refoulement est un phénomène très courant dans notre vie quotidienne. Par exemple, quand le réveil sonne de bon matin, nous ressentons souvent une envie profonde venant du ça de continuer à dormir. Mais le moi procède à un examen de la réalité, regarde l'heure et doit s'avouer qu'il est temps de se lever et d'aller au travail. Il est alors obligé de refouler le désir du ça.

Cependant l'inconscient sait développer des stratégies pleines d'imagination pour imposer son désir de continuer à dormir. Le ça va pour cela profiter du fait que le moi ne soit pas encore bien réveillé et ne dispose pas encore de toute son énergie. Ainsi, il arrive parfois que des gens entendent la sonnerie du réveil le matin, mais continuent à dormir, parce qu'ils intègrent la sonnerie à leur rêve. Ils rêvent par exemple du sifflement d'un train ou de la sonnerie d'un téléphone. Le ça, souverain absolu pendant la nuit, qui transforme les désirs et les conflits refoulés en images de rêves, trompe la conscience tous les matins en séduisant le moi avec de nouveaux rêves. Mais dans la plupart des cas, le moi sort gagnant et le désir de rester au lit est refoulé. Le refoulement représente cependant un danger, car la libido refoulée est certes chassée du moi mais elle ne disparaît pas pour autant. Elle reste présente et continue d'agir dans l'inconscient. Cela signifie aussi que la pression sur le moi augmente continuellement, surtout lorsqu'il ne s'agit pas de petits désirs mais de besoins fondamentaux.

Les mécanismes de défense et la formation de symptômes

Quand, pour des raisons morales ou par égard pour les autres, un trop grand nombre de désirs n'est pas réalisé, la libido réprimée se retourne avec le temps contre le propre moi. Ou, comme écrit Freud :

Tous ceux qui veulent être plus nobles que ne leur permet leur constitution succombent à la névrose [...]. [23]

L'impression de passer à côté de sa vie peut rendre l'homme malade. Il lui faut de plus en plus d'énergie pour réprimer le ça et il finit par développer des comportements compulsifs, voire des symptômes névrotiques ou psychotiques. Les symptômes névrotiques, ce sont par exemple des dépressions, des migraines, l'hystérie, des obsessions, des tics ou des paralysies. Les hallucinations, la mégalomanie ou la paranoïa comptent parmi les symptômes psychotiques. Mais la répression des désirs peut également déclencher des maladies organiques. De manière générale, toute maladie psychique peut être interprétée comme résultant d'une situation de stress, dans laquelle le moi ne peut plus remplir son rôle. Il succombe dans ce cas à la peur face à ses propres pulsions ou à la réalité. Le sujet fuit alors dans la névrose ou dans la psychose, qui sont toutes deux des mécanismes de défense du moi débordé. Freud nous donne une définition très claire et très subtile des deux grandes catégories de maladie psychique que sont la névrose et la psychose :

La névrose ne dénie pas la réalité, elle veut seulement ne rien savoir d'elle ; la psychose la dénie et cherche à la remplacer. 24

La névrose est un mécanisme de défense et un lieu d'évasion pour le moi, au sens où elle lui permet de se retirer de la vie active et de ne plus devoir faire face aux exigences d'autrui, car il est considéré comme malade. Ainsi, le névrosé peut fuir la réalité, sans la dénier.

Le psychotique lui aussi réagit à la réalité, non pas en essayant de la changer ou de la fuir, mais en s'inventant un deuxième monde qui lui convient mieux. On retrouve dans l'image du patient qui se prend pour Napoléon, et qui n'abandonne pas son rôle face à son entourage, le stéréotype du psychotique qui a construit sa propre perception de la réalité.

Dans la littérature, c'est le personnage de Don Quichotte qui incarne la personnalité psychotique. Contre toute réalité, il veut faire croire aux autres et à lui-même qu'il est un chevalier vivant dans un monde noble et médiéval.

Or une réaction saine consisterait non pas à fuir la réalité difficilement supportable et ses exigences, ni à vouloir la remplacer par un monde fantasmatique, mais à travailler à la modifier activement.

Ce comportement approprié à une fin, normal, conduit naturellement à [effectuer un travail extérieur] sur le monde extérieur, et il ne se satisfait pas, comme dans la psychose, de l'instauration de modifications intérieures ; il n'est plus autoplastique mais alloplastique. [25]

Thérapie et transfert

Quand la maladie psychique est une conséquence de l'effondrement du moi sous le poids de la réalité, des désirs indomptables du ça ou des exigences trop sévères du surmoi, l'objectif d'une thérapie consistera à restaurer le moi affaibli, afin que celui-ci puisse de nouveau assumer ses fonctions.

> Le moi est affaibli par le conflit intérieur et il nous faut lui venir en aide. [...] [N]ous lui assurons la plus stricte discrétion et mettons à son service notre expérience dans l'interprétation du matériel influencé par l'inconscient. Notre savoir [...] doit restituer [au] moi la domination sur des circonscriptions perdues de la vie d'âme. [26]

Cette reconstruction du moi est opérée en rendant conscients les conflits pathogènes refoulés. Les conflits eux-mêmes ne peuvent évidemment pas être résolus après coup, lors de la thérapie. Freud en était tout à fait conscient, comme le montrent ces lignes :

> À maintes reprises j'ai dû entendre de mes malades, quand je leur promettais aide et soulagement par le moyen d'une cure cathartique, cette objection : Mais vous dites vous-même que ma souffrance

> que ma souffrance est vraisemblablement en corrélation avec les conditions de ma vie et mes destins ; vous ne pouvez rien y changer ; de quelle manière voulez-vous donc m'aider ?

> Ce à quoi j'ai pu répondre : Je ne doute certes pas qu'il devrait être plus facile au destin qu'à moi d'enlever votre souffrance, mais vous pourrez vous convaincre que beaucoup a été acquis si nous réussissons à transformer votre misère hystérique en malheur commun. [27]

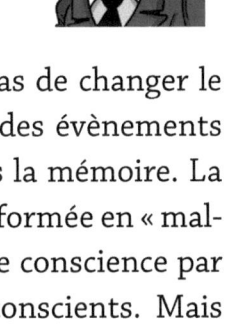

Dans la thérapie, il ne s'agit donc pas de changer le passé, mais plutôt la manière dont des évènements passés sont ressentis et perçus dans la mémoire. La souffrance hystérique est alors transformée en « malheur commun », grâce à une prise de conscience par le patient de ses traumatismes inconscients. Mais ce n'est pas un processus rationnel de connaissance qui est à l'œuvre ici. Le médecin ne questionne pas le patient, il ne le conseille et ne le persuade pas. C'est bien plus par la libre association des idées que le patient va retrouver, puis revivre émotionnellement les conflits enfouis. Le psychanalyste l'assiste dans ce processus, non pas en lui donnant des conseils ou en l'encourageant, mais au contraire en se retirant le plus possible pour créer de la transparence. Installé dos au patient, l'analyste le livre à ses sentiments et souvenirs. La position couchée sur le divan est censée favoriser la désinhibition de la mémoire.

Un autre phénomène très courant dans la vie quotidienne, le transfert , intervient lors de la thérapie. Selon Freud, l'analyste ne fait de bien au patient que s'il lui sert de simple miroir, d'espace de projection. Le patient peut ainsi revivre des émotions éprouvées dans des relations passées et qui avaient été à l'origine de conflits internes, en projetant ces émotions sur l'analyste qui prendra par exemple le rôle du père, de la mère ou d'une autre personne. Il peut alors arriver que le patient adresse des reproches, des excuses ou même des insultes à l'analyste. Celui-ci doit rester neutre face à ces émotions, afin de laisser libre cours à l'effet sain et cathartique du retour du conflit refoulé. Au cœur de la cure psychanalytique se trouve donc non pas la prise de conscience rationnelle des moments pathogènes du passé ou du présent, mais le fait de revivre émotionnellement des conflits passés. Il ne s'agit pas de reconnaître des sentiments refoulés pour les ramener à la conscience, mais de les revivre pour pouvoir les travailler différemment.

Cure et psychosynthèse

Ce processus conduit selon Freud à des déplacements affectifs, c'est-à-dire à des réinvestissements émotionnels de rencontres, de souvenirs et de situations. Par exemple, une situation qui avait jusque-là été ressentie comme profondément humiliante ne sera plus considérée que comme un épisode honteux ordinaire. Freud souligne que cette réévaluation émotionnelle du passé est effectuée spontanément par le patient et non de manière artificielle par le psychothérapeute.

> C'est ainsi que se réalise automatiquement, inévitablement, la psychosynthèse, sans que nous ayons eu à intervenir ;

> en décomposant les symptômes en leurs éléments, en levant les résistances, nous créons les conditions nécessaires à la production de cette synthèse. Il est faux de penser que le psychisme du malade a été décomposé en ses éléments et attend paisiblement ensuite d'être reconstitué d'une façon quelconque. [28]

Il s'agit donc de rendre apparents des fixations, des compulsions et d'autres blocages, afin de briser leur pouvoir handicapant sur la vie du patient. Au cours du processus psychanalytique, les pulsions refoulées, les déceptions non surmontées et les évènements traumatiques du passé doivent devenir des souvenirs conscients et élaborés, afin qu'ils cessent de représenter des obstacles dans la vie du patient.

Le moi doit déloger le ça

Cette courte phrase a trois significations chez Freud : premièrement, au cours de la thérapie, des contenus refoulés du ça doivent être remis à disposition du moi. Cette phrase décrit également le passage de l'enfance à l'âge adulte. L'enfant, qui à l'origine ne suit que le principe de plaisir spontané et chaotique, le principe du ça, doit, pour devenir adulte, apprendre à tenir compte du principe de réalité. Il doit donc former un moi capable de contrôler ses besoins et de les orienter vers des buts raisonnables.

Le moi doit déloger le ça. [29]

Cette exigence ne vaut pas que pour l'individu mais également pour la société dans son ensemble, et c'est ce qui nous amène à la troisième dimension de cette phrase. Freud considère la religion comme une illusion collective qui se nourrit des souhaits et des peurs du ça. Le moi ne peut répondre à la tendance du ça à vouloir satisfaire tous les désirs, car la réalité est toujours pleine de déceptions, de maladies et de privations. Et surtout, le fait que nous devons mourir contredit fondamentalement le principe de plaisir. Contre la mort, le moi n'a pas de recette. Pour ne pas constamment devoir penser à la mort, le moi fuit dans la religiosité, comprise comme une sorte de psychose collective, et développe le fantasme d'une vie éternelle après la mort. D'après Freud, la croyance en un paradis dans l'au-delà correspond au désir d'immortalité :

> Celles-ci [les représentations religieuses], qui se donnent comme des dogmes, ne sont pas des précipités de l'expérience ou des résultats ultimes de la pensée, ce sont des illusions, accomplissements des souhaits les plus anciens, les plus forts et les plus pressants de l'humanité ; le secret de leur force, c'est la force de ces souhaits. [30]

La figure toute-puissante d'un Dieu-père qui punit ou console n'est rien d'autre qu'une projection du père réel. L'adulte ne veut pas être privé de la protection et de la sécurité dont il jouissait enfant. Par la croyance en un dieu paternel, le moi peut conserver le sentiment infantile de confiance et de sécurité et le transposer à la vie adulte. Mais la fonction consolatrice de la religion ne s'achète qu'au prix d'une fuite psychotique de la réalité. Les cérémonies religieuses ont elles aussi un caractère compulsif et empêchent que l'homme prenne pleinement conscient de son état.

D'après Freud, la consécration de l'hostie, donc du corps du Christ, est un rituel antique servant à fortifier la psyché par l'identification avec la figure d'un père tout-puissant. Ce comportement -l'identification rituelle par absorption - se retrouve dans beaucoup de sociétés primitives. L'animal-totem y est consommé lors d'un repas collectif, afin que son aura et sa puissance soient transposées aux membres de la communauté.

La croyance en une vie après la mort peut bien consoler l'homme de son état de détresse mais, comme dit Freud, le moi doit remplacer le ça ! L'humanité doit devenir adulte et se libérer de l'illusion de l'existence de Dieu :

> Il est certain que l'homme se trouvera alors dans une situation difficile, il devra s'avouer tout son [désespoir] et son infimité dans les rouages du monde, n'étant plus le centre de la création ni l'objet de la tendre sollicitude d'une Providence bienveillante. Il sera dans la même situation que l'enfant qui a quitté la maison paternelle dans laquelle il se sentait bien au chaud et à l'aise. Mais l'infantilisme est destiné à être surmonté, n'est-ce pas ? [31]

Comme la religion, la philosophie est pour Freud une sorte de grande illusion, et il va même jusqu'à établir une parenté entre la philosophie et la paranoïa :

> [L]es représentations délirantes du paranoïaque montrent une ressemble externe et une parenté interne [...] avec les systèmes de nos philosophes. [32]

Tout comme certains paranoïaques, les philosophes essaient d'interpréter, de structurer et de contrôler le monde à travers le prisme d'un unique élément. La volonté de puissance chez Nietzsche, l'Esprit chez Hegel, la raison chez Kant ou les conditions de production chez Marx sont des facteurs auxquels ces philosophes ont compulsivement tenté de réduire tous les phénomènes de la vie.

Chez certains paranoïaques, c'est tout simplement la couleur des cheveux qui constitue cette force structurante. Ils se sentent persécutés ou discriminés par les blonds. Ils expliquent tout ce qui arrive dans la société et dans le monde par le fait que les blonds y auraient plus de chances, de pouvoir et de possibilités que ceux qui ont les cheveux foncés. Leur propre vie leur paraît ratée parce qu'ils ont les cheveux noirs. Et ils retrouvent cette discrimination au quotidien, car ils ne veulent voir le monde que sous ce seul aspect. Les présentatrices de télévision et les stars de cinémas sont toutes blondes, le système juridique est contrôlé par les blonds, de sorte que les jugements contre les blonds sont moins sévères. Les « blagues de blondes » sont certes une dégradation des blondes mais ne servent en réalité qu'à dissimuler le profond mépris pour les hommes aux cheveux noirs.

De la même manière, les grands systèmes philosophiques essaient de réduire la diversité du monde à un seul point de vue. Ils semblent ignorer qu'on ne peut contrôler les phénomènes de la réalité telle qu'elle nous advient. Comme la religion, la philosophie promet à l'homme une explication du monde qui par principe ne peut exister.

Mais pour Freud, la philosophie n'est de loin pas aussi dangereuse que la religion. Alors que peu de gens lisent les écrits et les systèmes compliqués des philosophes, la religion est au contraire très répandue et, par ses grandes promesses, elle empêche les hommes de se consacrer à leur réelle destinée. Or, pour Freud, l'homme doit retirer son énergie de l'au-delà et l'orienter vers l'ici-bas :

> En dégageant de l'au-delà ses attentes et en concentrant sur la vie terrestre toutes les forces ainsi libérées, il pourra vraisemblablement obtenir que la vie devienne supportable pour tous et que la culture n'opprime plus personne. [33]

Comme le montre cette citation, l'idée que les hommes pourraient se sentir opprimés par la culture

La pensée centrale de Freud

a beaucoup inquiété Freud. En effet, il voit la société avec ses règles morales et religieuses d'un œil très sceptique.

Le malaise dans la culture

Freud a sans cesse critiqué les normes dépassées et plaidé pour le libre épanouissement de l'homme. Il n'est pas étonnant, selon lui, que tant d'individus souffrent de maladies organiques, de dépressions ou de névroses, si la société ne leur offre aucune chance de s'épanouir et de satisfaire leurs besoins et leurs désirs.

Mais lorsqu'une culture n'est pas parvenue à dépasser l'état où la satisfaction d'un certain nombre de participants présuppose l'oppression de certains autres, de la majorité peut-être -et c'est le cas de toutes les cultures actuelles-, il est alors compréhensible que ces opprimés développent une hostilité intense à l'encontre de la culture [...]. [34]

63

> Il va sans dire qu'une culture qui laisse insatisfaits un si grand nombre de participants et les pousse à la révolte n'a aucune chance de se maintenir durablement et ne le mérite pas non plus. [35]

Il est donc tout à fait compréhensible que beaucoup d'hommes ressentent un malaise dans la culture. Et d'un autre côté, nous avons besoin d'une société avec des règles et des lois, car l'homme dispose d'un dangereux potentiel d'agressivité :

> L'existence de ce penchant à l'agression que nous pouvons ressentir en nous-mêmes, et présupposons à bon droit chez l'autre, est le facteur qui perturbe notre rapport au prochain et oblige la culture à la dépense qui est la sienne. [36]

Le vivre-ensemble ne peut fonctionner que si la culture parvient à implanter dans notre surmoi les valeurs morales du juste et de l'injuste. En effet, il existe depuis toujours des préceptes moraux qui viennent limiter le pur principe de plaisir, c'est-à-dire la volonté égoïste de satisfaire ses propres pulsions et besoins sans égard pour les autres.

> De là [...] ce commandement de l'idéal : aimer le prochain comme soi-même, qui se justifie effectivement par le fait que rien d'autre ne va autant à contre-courant de la nature humaine originelle. [37]

Malgré sa critique de la société, Freud n'était donc pas un révolutionnaire. En tant que médecin et psychologue, il voulait avant tout encourager les hommes, sains ou malades, à jouir pleinement de leur vie.

À quoi nous sert aujourd'hui la découverte de Freud ?

Le principe de plaisir : chercher le plaisir – éviter le déplaisir

Dans un premier temps, l'appel de Freud est très simple. Dans sa pratique psychanalytique et dans ses écrits, il encourage les hommes à mener une vie autonome et à réaliser leurs souhaits autant que possible. Car de par sa constitution, l'homme n'est pas cet esprit détaché de la nature, créé à l'image de Dieu, mais, comme dit Freud, un « homo natura », un être naturel avec des pulsions et des besoins. Par nature, l'homme aspire à la pleine satisfaction de ses désirs.

Le principe de plaisir, c'est-à-dire la quête de maximisation du plaisir et l'évitement du déplaisir, est un héritage ineffaçable de notre origine animale. L'animal s'accouple dès qu'il en ressent le besoin et en a l'occasion, il mange quand il a faim et s'éloigne à l'approche d'une menace. Le principe de plaisir est profondément ancré dans notre nature humaine.

Tout comme la sensation de douleur nous met en garde contre les brûlures, la peur et le déplaisir nous mettent en garde contre les blessures de notre psychisme. Ce mécanisme fonctionne depuis des milliers d'années. C'est lui qui assure la perpétuation du genre humain et qui rend la vie agréable. Nous évitons les rencontres, les relations et les situations que nous percevons comme menaçantes, frustrantes ou ennuyantes, et recherchons les rencontres et les situations ressenties comme plaisantes ou enrichissantes. La découverte première et fondamentale de Freud est donc aussi simple qu'évidente : l'homme doit vivre selon le principe de plaisir, chercher le plaisir, éviter le déplaisir, là où c'est possible !

Du ça au moi – du principe de plaisir au principe de réalité

Cependant, Freud savait parfaitement qu'il est parfois difficile, voire impossible, de satisfaire nos désirs et nos besoins. Dès l'enfance, nous devons accepter de nombreuses contraintes. Il est finalement impossible, résume Freud, de vivre entièrement selon le principe de plaisir :

> [Le principe de plaisir] domine le fonctionnement de l'appareil animique dès le début ; de sa fonction au service d'une finalité, on ne saurait douter, et pourtant son programme est en désaccord avec le monde entier, avec le macrocosme tout aussi bien qu'avec le microcosme. De toute façon, il n'est pas réalisable, tous les dispositifs du Tout s'opposent à lui ; on aimerait dire que le dessein que l'homme soit « heureux » n'est pas contenu dans le plan de la « création ». [38]

L'homme est par nature doté de cette tragique capacité à pouvoir se représenter et désirer plus que ce que la réalité n'est en mesure de satisfaire. Rien que pour cela, le bonheur permanent est impossible. Le désir a beau être illimité, le réel ne l'est pas. On n'a pas toujours devant soi ce que l'on désire manger ; on ne vit pas toujours là où l'on se sent le mieux ; notre métier n'est pas toujours celui dans lequel nous nous réalisons, notre partenaire n'est peut-être pas celui dont nous rêvions. La vie est un chantier permanent. Nous manquons toujours d'argent, de temps ou d'occasions pour réaliser nos désirs ; s'y ajoutent maladies, accidents, petites et grandes catastrophes, qui viennent sans arrêt s'opposer au principe de plaisir. Même le processus de vieillissement, les premiers cheveux gris, la fragilité des membres, doivent être acceptés comme les signes annonciateurs d'une progressive perte de plaisir.

Mais le plus grand défi pour le principe de plaisir est la mort. En fin de compte, dit Freud, la contradiction entre le plaisir et la réalité n'est jamais entièrement soluble, et doit bien plus être considérée comme fondamentale. On pourrait même dire que l'existence humaine elle-même est cette contradiction. C'est pour cela que pour Freud, la grande tâche de la vie consiste à accepter le conflit entre notre désir illimité et la réalité limitée et à en tirer le meilleur, tout en étant libre, honnête et droit. Libre d'évènements refoulés du passé, droit face aux défis de la réalité et honnête envers ses besoins propres et envers autrui. Cela veut dire aussi qu'il faut vivre avec ses échecs et ses déceptions, sans les refouler et sans leur donner de pouvoir sur notre avenir.

Entre Charybde et Scylla – le secret de la bonne éducation

Il est très important de savoir exprimer ses besoins, malgré les contraintes que nous impose la vie. Un moi sain, dit Freud, accepte ses propres désirs et essaie d'œuvrer à leur réalisation. Ce faisant, il importe de garder la juste mesure. Car si l'on se fixe des objectifs trop nombreux ou irréalisables, on risque de passer une vie à essayer en vain de les atteindre. Mais on peut également commettre l'erreur contraire, en n'ayant aucune exigence envers soi-même, et souffrir de ce manque de défis.

Freud lui-même fut quelqu'un de très ambitieux, qui craignait constamment l'échec. Très tôt déjà, sa mère lui dit : « Tu seras quelqu'un de très spécial, Sigmund ! », ce qui fut à la fois un poids et une stimulation pour le jeune enfant. Dans son cas, cette combinaison le mena au succès. Mais les enfants n'arrivent pas toujours à répondre aux attentes de leurs parents, et la peur de l'échec peut les faire souffrir. D'où le rôle primordial de l'éducation. Car, d'une part, les adultes doivent encourager les enfants dans leur entrain et, d'autre part, ils doivent leur faire comprendre que la vie est aussi renoncement. La bonne voie se trouve quelque part entre les deux :

L'éducation doit donc trouver sa voie entre le Scylla du laisser-faire et le Charybde de l'interdiction. [39]

Tout d'abord, considérons que le but principal de toute éducation est d'apprendre à l'enfant à maîtriser ses instincts : impossible en effet de lui laisser une liberté totale, de l'autoriser à obéir sans contrainte à toutes ses impulsions. Cela pourrait, certes, fournir aux psychologues de l'enfance une expérience très instructive, mais la vie des parents deviendrait impossible et le tort soit immédiat, soit à venir, causé aux enfants serait considérable. L'éducation doit donc inhiber, interdire, réprimer et c'est à quoi elle s'est de tout temps amplement appliquée. [40]

Une éducation sans autorité, dit Freud, ne fait que repousser la confrontation avec une réalité frustrante, freinant ainsi l'apprentissage du principe de réalité. En revanche, une éducation trop restrictive enlève à l'enfant son courage de poursuivre ses idées et ses désirs avec énergie. L'héritage pédagogique de Freud est donc double : nous devons confirmer les enfants dans leur entrain, tout en les préparant progressivement aux petits et grands interdits de notre culture. Car personne ne peut rester enfant et ne suivre que ses seules pulsions une vie durant. Le moi doit remplacer le ça.

L'angoisse fait partie de la vie – apprendre à la gérer, c'est apprendre à vivre

En fin de compte, il s'agit pour l'homme d'apprendre à mener à bien sa vie. Cette tâche n'est évidemment pas facile. Il y a des jours et des périodes de notre vie où rien ne semble nous réussir. Quand le moi doit renoncer à trop de désirs, quand la réalité paraît insurmontable ou que notre propre surmoi nous écrase, le moi s'effondre. Il ne peut plus répondre à la tâche de gérer le quotidien. Il est pris d'angoisse face à ses propres pulsions, ne pouvant ni les satisfaire, ni les refouler, ou face au réel, se sentant incapable de répondre aux exigences de son environnement. Le moi peut aussi succomber à la peur des sanctions que lui inflige son propre surmoi, son propre idéal, auquel il ne peut plus se conformer :

> Lorsque le moi est obligé d'avouer sa faiblesse, il éclate en angoisse, angoisse de réel devant le monde extérieur, angoisse de conscience morale devant le surmoi, angoisse névrotique devant la force des passions dans le ça. [41]

Cette angoisse de ne plus être en mesure de prendre sa vie en main doit être refoulée. Le moi se réfugie alors dans la névrose ou la psychose. Dans la névrose, la réalité devenue insupportable est certes reconnue, mais c'est le conflit avec elle qui est évité par la maladie. Dans la psychose, la réalité est niée et remplacée par un monde de fantasmes imaginaires.

Mais l'homme sain lui aussi a recours à de tels mécanismes de défense. Qui d'entre nous ne s'est pas déjà surpris à s'inventer un monde plus agréable dans des situations difficiles ? Qui n'a pas déjà inconsciemment évité un rendez-vous en l'oubliant ou en tombant malade ? Consciemment ou inconsciemment, sain ou malade, tout homme doit constamment résoudre des conflits et des contradictions dans la conduite de sa vie. Aucune vie humaine n'est faite que de bonheur et de succès. Même les plus heureux d'entre nous ne sont pas libres de soucis, car ils doivent constamment craindre que leur bonheur prenne fin un jour.

Au fond, chacun de nous connaît l'angoisse de ne plus être à la hauteur des défis de la vie. Ce sentiment élémentaire, qui peut s'emparer de nous de manière tantôt intense, tantôt discrète, est l'expression de la constitution existentielle de l'homme, selon Freud. C'est parce que la vie humaine ne se vit pas d'elle-même que nous sommes capables de ressentir de l'angoisse. Le message le plus profond et peut-être le plus important de Freud est donc celui-ci : l'angoisse fait partie de la vie.

Lorsque le moi n'est plus capable d'assumer sa tâche par sa propre force, lorsqu'il est paralysé par des peurs existentielles, Freud parle de faiblesse du moi.

Le moi a alors besoin d'un moment de répit. Souvent, un changement de relation ou de métier peut faire l'affaire. Mais parfois, l'aide professionnelle d'un médecin ou d'un psychologue est indispensable. Il peut également suffire qu'un bon ami vienne nous écouter et nous soutenir. Ce soutien, nous pouvons et nous devons l'apporter, et c'est en ça que nous sommes humains.

Freud était un fervent défenseur de l'idée que même des profanes sans formation médicale pouvaient assister des personnes souffrant de troubles psychiques. L'analyse profane, comme l'appelle Freud, est un type d'entraide primordiale pratiquée dans toutes les cultures sous différentes formes. Pour lui, le fondement de l'entretien psychanalytique – la tolérance et la sensibilité à ce qui touche et attriste l'autre, le fait de refléter et d'interpréter ses sentiments dans une atmosphère libre de contraintes – ne nécessite pas de diplôme de médecine. La puissante American Psychoanalytical Association a lourdement critiqué Freud pour cette opinion et n'a voulu admettre que des médecins pour la thérapie psychanalytique. Mais Freud insista. Pour lui, toute personne qui dispose de l'empathie et de l'attention nécessaires peut aider des personnes en détresse. De par notre constitution naturelle, nous éprouvons tous des joies et des peurs similaires et sommes donc a priori tous capables de comprendre et d'interpréter les sentiments d'autrui.

Ceci est peut-être le legs le plus important que nous a laissé Freud. Il fut le premier penseur à avoir reconnu le profond effet de la parole entre les hommes et appela à la cultiver avec soin :

Ne méprisons d'ailleurs pas le mot. Il est après tout un instrument puissant, il est le moyen par lequel nous nous révélons les uns aux autres nos sentiments, la voie par laquelle nous prenons de l'influence sur l'autre. Des mots peuvent faire un bien indicible et infliger de terribles blessures. [42]

Index des citations

1 Sigmund Freud, Le malaise dans la culture (trad. P. Cotet, R. Lainé, J. Stute-Cadiot), in Œuvres complètes – Vol. XVIII (dir. A. Bourguignon, P. Cotet). Presses Universitaires de France (PUF), Paris, 1994, p. 262.
2 Sigmund Freud, Une difficulté de la psychanalyse (trad. J. Altounian, A. Bourguignon, P. Cotet, A. Rauzy), in Œuvres complètes – Vol. XV (dir. A. Bourguignon, P. Cotet). PUF, Paris, 1996, p. 47.
3 Une difficulté de la psychanalyse, p. 50.
4 Sigmund Freud, Le moi et le ça (trad. C. Baliteau, A. Bloch, J.-M. Rondeau), in Œuvres complètes – Vol. XVI (dir. A. Bourguignon, P. Cotet). PUF, Paris, 1991, p. 258.
5 Sigmund Freud, Le maniement de l'interprétation des rêves en psychanalyse, in La technique psychanalytique (trad. Anne Berman). PUF, Paris, 1977, p. 46.
6 Sigmund Freud, Lettre 235 à Wilhelm Fliess du 1er février 1900, in Lettres à Wilhelm Fliess, 1887-1904 (trad. F. Kahn et F. Robert). PUF, Paris, 2006, p. 504.
7 Sigmund Freud, La morale sexuelle « culturelle » et la nervosité moderne (trad. P. Cotet et R. Lainé), in Œuvres complètes – Vol. VIII (dir. A. Bourguignon, P. Cotet). PUF, Paris, 2007, p. 207.
8 Sigmund Freud, Trois essais sur la théorie sexuelle, (trad. P. Cotet et F. Rexand-Galais), in Œuvres complètes – Vol. VI (dir. A. Bourguignon, P. Cotet). PUF, Paris, 2006, p. 117.
9 Ibidem.
10 Trois essais sur la théorie sexuelle, p. 146.
11 Sigmund Freud, Leçons d'introduction à la psychanalyse (trad. A. Bourguignon, J.-G. Delarbre, D. Hartmann, F. Robert), in Œuvres complètes – Vol. XIV (dir. A. Bourguignon, P. Cotet). PUF, Paris, 2000, p. 213.
12 Ibidem.
13 Leçons d'introduction à la psychanalyse, p. 361.
14 Leçons d'introduction à la psychanalyse, p. 429.

15 Sigmund Freud, Nouvelle suite des leçons d'introduction à la psychanalyse (trad. J. Altounian, A. Bourguignon, P. Cotet, A. Rauzy, R.-M. Zeitlin), in Œuvres complètes – Vol. XIX (dir. A. Bourguignon, P. Cotet). PUF, Paris, 1995, p. 157.
16 Nouvelle suite des leçons d'introduction à la psychanalyse, p. 160.
17 Nouvelle suite des leçons d'introduction à la psychanalyse, p. 161.
18 Le moi et le ça, p. 270.
19 Sigmund Freud, Psychologie des masses et analyse du moi (trad. J. Altounian, A. Bourguignon, P. Cotet, A. Rauzy), in Œuvres complètes – Vol. XVI (dir. A. Bourguignon, P. Cotet). PUF, Paris, 1991, p. 29.
20 Ibidem.
21 La morale sexuelle « culturelle » et la nervosité moderne, p. 203.
22 Ibidem.
23 La morale sexuelle « culturelle » et la nervosité moderne, p. 207.
24 Sigmund Freud, La perte de réalité dans la névrose et la psychose (trad. J. Doron et R. Doron), in Œuvres complètes – Vol. XVII (dir. A. Bourguignon, P. Cotet). PUF, Paris, 1992, p. 39.
25 Ibidem.
26 Sigmund Freud, Abrégé de psychanalyse (trad. F. Kahn et F. Robert), in Œuvres complètes – Vol. XX (dir. A. Bourguignon, P. Cotet). PUF, Paris, 2010, p. 266.
27 Sigmund Freud, Sur la psychothérapie de l'hystérie (trad. P. Cotet et M.-Th. Schmidt), in Œuvres complètes – Vol. II (dir. A. Bourguignon, P. Cotet). PUF, Paris, 2009, p. 332.
28 Sigmund Freud, Les voies nouvelles de la thérapeutique psychanalytique, in La technique psychanalytique (trad. Anne Berman). PUF, Paris, 1977, p. 134.
29 Sigmund Freud, Nouvelles conférences sur la psychanalyse (trad. Anne Berman). Gallimard, Paris, 1971. Document PDF consulté sur le site de la Bibliothèque de l'université de Chicoutimi, p. 49.
30 L'avenir d'une illusion, p. 30.
31 L'avenir d'une illusion, p. 50.
32 Sigmund Freud, Avant-propos à Theodor Reik, « Problèmes de psychologie religieuse » (trad. A. Bourguignon et C. von Petersdorff), in Œuvres complètes – Vol. XV (dir. A. Bourguignon, P. Cotet). PUF, Paris, 1996, p. 213.
33 L'avenir d'une illusion, p. 51.
34 L'avenir d'une illusion, p. 12.

35 L'avenir d'une illusion, p. 12.
36 Le malaise dans la culture, p. 54.
37 Le malaise dans la culture, p. 67.
38 Le malaise dans la culture, p. 262.
39 Nouvelles conférences sur la psychanalyse, PDF (voir supra cit. 29), p. 89.
40 Ibidem.
41 Nouvelle suite des leçons d'introduction à la psychanalyse, p. 161.
42 Sigmund Freud, La question de l'analyse profane (trad. J. Altounian, A. Bourguignon, P. Cotet et A. Rauzy), in Œuvres complètes - Vol. XVIII (dir. A. Bourguignon, P. Cotet). PUF, Paris, 1994, p. 10.

Déjà paru dans la même série:

Walther Ziegler
Camus en 60 minutes
1ère èdition janvier 2019
84 pages, Poche, € 9,99
ISBN 9782-3-2210-973-9

Walther Ziegler
Freud en 60 minutes
1ère èdition janvier 2019
88 pages, Poche, € 9,99
ISBN 9782-3-2210-969-2

Walther Ziegler
Hegel en 60 minutes
1ère èdition janvier 2019
124 pages, Poche, € 9,99
ISBN 9782-3-2210-965-4

Walther Ziegler
Kant en 60 minutes
1ère èdition janvier 2019
148 pages, Poche, € 9,99
ISBN 9782-3-2210-962-3

Walther Ziegler
Marx en 60 minutes
1ère èdition janvier 2019
104 pages, Poche, € 9,99
ISBN 9782-3-2210-967-8

Walther Ziegler
Nietzsche en 60 minutes
1ère èdition janvier 2019
152 pages, Poche, € 9,99
ISBN 9782-3-2209-114-0

Walther Ziegler
Platon en 60 minutes
1ère èdition janvier 2019
104 pages, Poche, € 9,99
ISBN 9782-3-2210-956-2

Walther Ziegler
Rousseau en 60 minutes
1ère èdition janvier 2019
104 pages, Poche, € 9,99
ISBN 9782-3-2210-960-9

Walther Ziegler
Sartre en 60 minutes
1ère èdition janvier 2019
116 pages, Poche, € 9,99
ISBN 9782-3-2210-971-5

Walther Ziegler
Smith en 60 minutes
1ère èdition janvier 2019
100 pages, Poche, € 9,99
ISBN 9782-3-2210-958-6

À paraître dans la même série:

Walther Ziegler
Adorno en 60 minutes

Walther Ziegler
Arendt en 60 minutes

Walther Ziegler
Habermas en 60 minutes

Walther Ziegler
Foucault en 60 minutes

Walther Ziegler
Heidegger en 60 minutes

Walther Ziegler
Hobbes en 60 minutes

Walther Ziegler
Popper en 60 minutes

Walther Ziegler
Rawls en 60 minutes

Walther Ziegler
Schopenhauer en 60 minutes

Walther Ziegler
Wittgenstein en 60 minutes

Auteur:

Walther Ziegler est professeur d'université et docteur en philosophie. En tant que correspondant à l'étranger, reporter et directeur de l'information de la chaîne de télévision allemande ProSieben, il a produit des films sur tous les continents. Ses reportages ont été récompensés par plusieurs prix. En 2007, il prit la direction de la « Medienakademie » à Munich, une Université des Sciences Appliquées et y forme depuis des cinéastes et des journalistes. Il est l'auteur de nombreux ouvrages philosophiques, qui ont été publiés en plusieurs langues dans le monde entier. Dans sa qualité de journaliste de longue date, il parvient à résumer la pensée complexe des grands philosophes de manière passionnante et accessible à tous.